Das Gesetz der Anziehung:

Wie Sie zu mehr Liebe, Erfolg und Glück finden

Inhalt

Vorwort

Das Wort Schwingung oder Wellenlänge wird oft verwendet, um eine Stimmung oder ein Gefühl zu beschreiben, das man von jemandem oder etwas aufnimmt. Zum Beispiel könntest du sagen, dass du eine gute Schwingung aufnimmst, wenn du dich in der Nähe einer bestimmten Person befindest. Oder vielleicht aber auch, dass du eine negative Schwingung wahrnimmst, wenn du in einem bestimmten Teil einer Stadt oder Nachbarschaft spazieren gehst. In all diesen Fällen wird das Wort Schwingung verwendet, um die Stimmung oder das Gefühl zu beschreiben, das du gerade erlebst. Kurz gesagt, eine Schwingung entspricht einer Stimmung oder einem Gefühl.

Das Wort Schwingung ist gleichzusetzen mit dem Wort Vibration (welche von den meisten Menschen nicht oft verwendet wird). In der „vibrierenden" Welt gibt es nur zwei Arten von Schwingungen – positive und negative. Jede Stimmung oder jedes Gefühl veranlasst dich dazu, eine Schwingung auszusenden, auszustrahlen oder anzubieten – ob positiv oder negativ. Wenn du durch ein Wörterbuch gehst und jedes Wort auswählst, das ein Gefühl beschreibt, kannst du es in eine dieser beiden Kategorien einordnen. In jedem Wort wird ein Gefühl beschrieben, das eine positive Schwingung erzeugt oder ein Gefühl, das eine negative Schwingung erzeugt.

Jeder von uns sendet entweder eine positive oder negative Schwingung aus. Tatsächlich senden wir immer eine Vibration. Denke an den Ausdruck „Er strahlt etwas Positives aus“ oder „Ich spüre negative Schwingungen (oder eine Atmosphäre) in diesem Raum“.

Das Gesetz der Anziehung reagiert auf deine Schwingung, sei sie positiv oder negativ, indem es dir mehr von dem gibt, was du ausstrahlst. Es ist wichtig, zu verstehen, dass das Gesetz der Anziehung in deinem Leben bereits existiert, ob du es nun realisierst oder nicht, ob es dir gefällt oder nicht oder ob du es glaubst oder nicht. Wenn dir gefällt, was du erlebst, dann solltest du es zelebrieren – als Resultat wirst du noch mehr davon bekommen. Wenn dir nicht gefällt, was du bekommst, dann ist es an der Zeit, das Gesetz der Anziehung bewusster zu nutzen, damit du aufhören kannst, die Dinge anzuziehen, die du nicht willst und anfangen kannst, die Dinge anzuziehen, die du willst. Im Laufe der nächsten Kapitel wirst du herausfinden, wie du mit dem Gesetz der Anziehung in allen Bereichen deines Lebens mehr Reichtum genießen kannst. Es mag sich zunächst wie ein Hexenwerk anhören, basiert aber auf unkomplizierten Prinzipien, die von den erfolgreichsten Menschen der Welt angewendet werden.

Ich wünsche dir viel Spaß beim Lesen!

Das Gesetz der Anziehung

Das Gesetz der Anziehung ist ein universelles Gesetz, das jederzeit präsent ist. Einfach ausgedrückt, bedeutet es, dass Gleiches Gleiches anzieht wie. Das Gesetz der Anziehung besagt, dass Gedankenenergie und projizierte Energie ähnliche Energie anziehen. Infolgedessen ziehen wir die Dinge in unser Leben, die unseren Gedanken und unserer projizierten Energie entsprechen. Einfach formuliert ziehen wir die Dinge in unser Leben, auf die wir unsere bewusste Aufmerksamkeit richten.

Dieses universelle Gesetz ist ein uraltes Prinzip, das die größten Köpfe und Lehrenden der Welt in der Vergangenheit angewandt haben, ohne seine volle wissenschaftliche Grundlage zu kennen. Glücklicherweise haben wir alle Zugang zu diesem Wissen durch unser besseres

Verständnis. Inzwischen wird es von fast jedem der erfolgreichsten Menschen von heute genutzt, um grundlegende Veränderungen in ihrem Leben vorzunehmen.
„Gleiches zieht Gleiches an."
Unser Verständnis des Gesetzes der Anziehung wurde durch unser erweitertes Wissen über die Quantenphysik verbessert. Du musst nicht alle komplizierten Details der Quantenphysik nachvollziehen können, um zu verstehen, wie es funktioniert. Jeder Aspekt dessen, was wir sind – unser Körper, unser Verstand, unsere Gesamtheit – besteht vollständig aus Energie. Dazu gehören auch unsere Gedanken.

Alles, was existiert, vom Schmutz unter den Fingernägeln bis zum weitesten Stern in der weitesten Galaxie, besteht aus reiner Energie. Unser Verständnis des Gesetzes der Anziehung wurde durch unser erweitertes Wissen über die Quantenphysik verbessert. Du musst nicht alle komplizierten Details der Quantenphysik nachvollziehen können, um zu verstehen, wie das funktioniert.

Jeder Aspekt dessen, was wir sind – unser Körper, unser Verstand, unsere Gesamtheit – besteht vollständig aus Energie. Dazu gehören auch unsere Gedanken. Alles, was existiert, vom Schmutz unter den Fingernägeln bis zum weitesten Stern in der weitesten Galaxie, besteht aus reiner Energie! Das ist keine Theorie – es ist eine Tatsache.

Wie funktioniert es?

Das Gesetz der Anziehung funktioniert jederzeit, unabhängig von deinen Überzeugungen oder deinem Bewusstsein für seine Präsenz. Wir ziehen ständig jene Umstände und Ereignisse in unser Leben (ob absichtlich oder unabsichtlich), die wir in das Universum abgeben.

Worauf du dich fokussierst, wird erweitert. Deine Gedanken erschaffen deine Realität. Wenn du negative Gedanken und Gefühle erlebst, stößt du negative Energie aus. Du ziehst somit negative Ereignisse, Menschen und Dinge in dein Leben. Wenn du positive Gedanken und Gefühle erlebst, strahlst du positive Energie aus. Infolgedessen ziehst du positive Ereignisse, Menschen und Dinge in dein Leben. Das Verständnis und die richtige Anwendung dieses universellen Gesetzes ist der Schlüssel zum ultimativen Erfolg in allen Bereichen deines Lebens.

Wie du das universelle Gesetz anwenden kannst

Die Grundlage für die Nutzung dieses Wissens zur Veränderung deines Lebens ist das Verständnis der Tatsache, dass du dieses universelle Gesetz anwendest, auch wenn du es nicht weißt. Du schickst entweder positive oder negative Energie in das Universum. Gleiches zieht Gleiches an;

was immer du in das Universum aussendest, wird dir zurückgegeben. Du sendest genau in diesem Moment Energie aus. Was fühlst du gerade? Fühlst du dich gut oder schlecht? Wenn du dich gut fühlst, sende positive Energie aus; wenn du dich schlecht fühlst, sendest du negative Energie aus. So einfach ist das.

Wenn du dein bestmögliches Leben leben willst, musst du damit beginnen, die negative Energie, die du projizierst, zu stoppen und stattdessen positive Energie auszusenden. Indem du einfach deine Gedanken, deine Sprache und (was am wichtigsten ist) deine Emotionen änderst, wirst du das Gesetz der Anziehung erfolgreich beherrschen. Denke daran, dass dieser Prozess wie die Verwendung eines unentwickelten Muskels ist – es braucht Zeit, bis du dich daran gewöhnst und ihn effizient anwenden kannst.

Entscheide, was du möchtest

Was willst du vom Leben? Was willst du wirklich? Das ist eine wichtige Frage, die man sich stellen sollte. Damit du dich wirklich manifestieren und alles anziehen kannst, was du dir im Leben wünschst, musst du zuerst entscheiden, was du willst. Du musst dir über deine Vision im Klaren sein und realisieren, wie dein großartigstes Leben aussehen würde. Die meisten Leute wissen nicht, was sie wollen. Sie nehmen sich entweder nicht die Zeit, um klarzustellen, was sie sich wirklich wünschen oder sie konzentrieren sich auf die Dinge, die sie im Leben nicht wollen (zum Beispiel „keine Schulden“).

Indem du dich auf die Dinge konzentrierst, die du nicht willst, erlebst du negative Gedanken und stößt so negative Energie aus. Dies führt dazu, dass du mehr von den gleichen negativen Situationen, Menschen und Erfahrungen in dein Leben ziehst.

Denke an deine Gedanken. Woran denkst du normalerweise? Beschwerst du dich darüber, wie dein Leben im Moment aussieht? Wenn ja, stehen die Chancen gut, dass du eine negative Ausdrucksweise verwendest und dich auf die Dinge konzentrierst, die du im Leben nicht willst. Indem du das tust, ziehst du nur mehr davon in dein Leben.

Der Schlüssel ist, sich darüber im Klaren zu sein, was du willst. Sobald du weißt, was du willst und deine Aufmerksamkeit auf diese Sache fokussierst, wirst du automatisch positive Energie projizieren.

Sei ruhig unrealistisch

Wenn du dich dafür entscheidest, was du willst, kannst du ruhig unrealistisch sein. Was würdest du dir wünschen, wenn alles möglich wäre? Dies ist für viele Menschen eine schwierige Aufgabe, weil sie daran festhalten, „wie“ es in ihrem Leben geschehen wird. Wenn sie nicht wissen, wie sich das jemals in ihrem Leben manifestieren könnte, gehen sie davon aus, dass es nicht möglich ist.

Sei unrealistisch. Träume groß! Mache dir keine Sorgen darüber, wie sich das, was du willst, in deinem Leben entwickeln wird. Sobald du anfängst, jederzeit starke positive Energie auszusenden, wird das Universum reagieren. Die einzigen Grenzen, die wir in unserem Leben haben, sind die Grenzen, die wir uns selbst auferlegen. Das „Wie“ ist unwichtig; deine Aufgabe ist es, das „Was“ herauszufinden.

Erstelle eine Liste

Eine Möglichkeit, um herauszufinden, was du im Leben willst, ist die Erstellung einer Liste aller Dinge, die du nicht willst. Nachdem du diese Liste erstellt hast, gehst du jede einzelne Aussage durch und machst sie zu einer positiven Aussage, die besagt, was du willst. Wenn du zum Beispiel sagst: „Ich will keine Probleme damit haben, die Rechnungen jeden Monat zu bezahlen“, kannst du sie folgendermaßen verändern: „Das Geld kommt ohne Probleme und ohne Mühe zu mir und die Rechnungen werden mit Leichtigkeit bezahlt“.

Das Ausführen dieser Übung zwingt dich dazu, dich auf das Positive zu konzentrieren und erlaubt dir außerdem, Klarheit darüber zu erlangen, was du willst. Das ist der erste und wichtigste Schritt, um wahrhaftig dein bestmögliches Leben zu erreichen. Sobald du entdeckt hast, was du wirklich im Leben willst, kannst du deine Energie einsetzen und dich auf diese Dinge konzentrieren. Indem du dich einfach auf diese positiven Dinge konzentrierst, erzeugst du automatisch positive Gedanken und positive Energie.

Tipp: Schreibe eine Liste der Dinge, die du willst. Klebe sie an deinen Spiegel, an deinen

Kühlschrank oder trage sie mit dir herum. Das wird eine ständige Erinnerung daran sein, worauf du dich konzentrieren sollst, wohin du dich im Leben bewegst und was du in deinem Leben anziehen und manifestieren wirst.

Wähle deine Gedanken und Gefühle

Wusstest du, dass du jederzeit wählen kannst, was du denkst und fühlst? Zuerst mag es schwierig klingen, aber wenn du dir einfach dessen bewusst wirst, was du denkst und fühlst, kannst du negative Gedanken und Gefühle umleiten und in etwas Positives verwandeln. Der beste Weg, einen negativen Gedanken zu erkennen, ist die Wahrnehmung des eigenen Empfindens. Jedes Mal, wenn du dich nicht gut fühlst, gehen negative Gedanken (ob du dir dessen bewusst bist oder nicht) durch deinen Kopf, woraufhin du negative Energie ausstrahlst.

Dein Gefühlsbarometer gibt dir Auskunft darüber, ob du auf dem Weg bist, alles zu gewinnen und zu bekommen, was du dir wünschst.

Was zeigt dein Gefühlsbarometer an? Auf einer Skala von 1 bis 10 (1 ist ein schlechtes Gefühl; 10 ist ein großartiges Gefühl), wie gut fühlst du dich im Moment? Je höher dein Wohlbefinden ist, desto mehr kraftvolle positive Energie strahlst du aus. Wenn du dir hingegen eine Bewertung von 2 von 10 gegeben hast, strahlst du in diesem Fall eine höhere negative Energie aus. Indem du dich einfach deines Gefühlsbarometers bewusst wirst, wirst du dir deiner negativen Gefühle bewusst und kannst dann das Nötige tun, um sie zu ändern.

Treibe den Motor der Anziehungskraft an

Wenn wir also im Wesentlichen eine chaotische Sammlung einer unendlichen Anzahl von Gedanken und Reaktionen in unserem Bewusstsein beherbergen – zumal das Leben, das wir führen, ein ziemlich geordnetes zu sein scheint – wie wählt das Universum dann aus all diesen Gedanken aus, die in unserem Wesen schweben und entscheidet, welche sich in unserem Leben manifestieren sollen? Ich bin so froh, dass du gefragt hast.

Denn die Antwort ist der erste Samen der Ermächtigung, der Beginn eines Lebens in Freiheit und Erfüllung. Das Gesetz der Anziehung reagiert auf das, worauf wir die meiste Aufmerksamkeit und Energie richten. Es ist das, worüber wir die meiste Zeit nachdenken, was zu übereinstimmenden Erfahrungen einlädt und anlockt. Die Aufmerksamkeit ist fokussiertes

Bewusstsein und mit unserem Bewusstsein aktivieren wir unsere Gedanken, wie das Spielen einer Gitarre und bringen sie dazu, vor Schwingung zu klingeln. Je intensiver du es tust und je öfter du es tust, desto lauter werden diese Saiten klingen und desto mehr Schwingungsstärke wirst du haben, um ein Erlebnis anzuziehen.

Die Konzentration auf einen Gedanken ist der erste Schritt. Die Konzentration auf einen Gedanken oder ein Bild kann einen großen Beitrag dazu leisten, damit es sich von der Masse abhebt. Verbringe jeden Tag ein paar Minuten damit, dich einfach auf das zu konzentrieren, was du willst. Es ist kein Wunder, dass erfolgreiche Unternehmer wie Steve Jobs den Fokus loben, da er die Menschen mit ihren Zielen in Einklang bringt.

Um die Resonanz eines Gedankens noch weiter zu erhöhen, bringst du dann

Emotionen in das Gesamtbild. Emotionale Energie beflügelt einen Gedanken, schöpft sein Potenzial aus und bringt ihn dazu, lauter zu „singen“. Emotionen können Menschen schließlich dazu anregen, vor Freude auf und ab zu springen, ein großes Lächeln mit Glück auf ihr Gesicht zu malen oder sogar vor Wut mit der Faust gegen eine Wand zu schlagen. Emotionen sind im Wesentlichen Gedanken, die so sehr angeregt und animiert wurden, dass wir sie in unserem Körper spüren.

Du kannst jede Emotion nutzen, um einen Gedanken zu stärken; jede Emotion funktioniert genauso gut wie jede andere. Emotionen sind eine Energiequelle der Chancengleichheit und das kann für dich oder gegen dich arbeiten. Auf der einen Seite bedeutet das, dass du die Wahl hast, welche Emotion du nutzen möchtest. Auf der anderen Seite bedeutet es aber, dass Angst so effektiv ist wie Liebe und dass Wut so effektiv ist wie Freude, wenn es darum geht, Erfahrungen in dein Leben zu verankern. Und du weißt, was das bedeutet. Wenn du von deinen Ängsten besessen bist und sie in deinem Geist und Körper wuchern lässt, lädst du sie im Wesentlichen dazu ein, zur Manifestation zu gelangen, indem du das Gesetz der Anziehung aufrufst, um deiner Erfahrung zu entsprechen.

Wenn du Wut, Groll oder Hass gegenüber anderen hegst, aus welchem Grund auch immer, der dir gerechtfertigt erscheint, treibst du das System an, um dich genauer von dem zu überzeugen, was dich wütend macht. Du verlangst im Grunde genommen mehr von dem, das du zu ablehnen glaubst.

Die Angst ist ein starkes Gefühl und treibt wahrscheinlich die überwiegende Mehrheit unserer Erfahrungen auf dem Planeten an. Wir haben riesige Mengen an Ängsten in unserem Unterbewusstsein, die aus unseren eigenen Lebenserfahrungen, aus den

Vorurteilen und Erwartungen, die wir aus unserer Kultur und Umwelt aufgenommen haben und aus früheren Instinkten entstanden sind. Wenn du dich in den Stadien deines Lebens umsiehst und herausfindest, dass du vieles davon nicht willst, siehst du einen Ausdruck einiger der Ängste, die du in deinem Unterbewusstsein verbirgst.

Wut ist ebenfalls ein magnetisches Reizmittel. Hast du jemals einen Raum betreten und die Wut von jemandem gespürt, noch bevor du sein Gesicht gesehen hast? Sie wird quasi aus der Haut eines Menschen ausgestrahlt. Wut kann selbst unschuldige Zuschauer aufrichten und eskalieren lassen, sie einbinden und Menschen entfachen, mit denen sie in Kontakt kommt. Als anziehendes Mittel ist die Wut stark. Wie alles andere in deiner Erfahrung, reflektiert sie auch etwas über dich. Wenn du feststellst, dass du viel Zeit mit wütenden Menschen verbringst, ist es sehr wahrscheinlich, dass du Gefühle der Wut in dir selbst verbirgst.

Jetzt, da du weißt, wie Emotionen den Funken des Gesetzes der Anziehung entzünden können, benutze sie weise. Wähle zuerst einen Gedanken an etwas, das du in dein Leben ziehen möchtest. Fang damit an, dich darauf zu konzentrieren. Nimm dir etwas Zeit damit und denke ohne Ablenkung darüber nach. Lege fest, dass es für eine kurze Zeit im Mittelpunkt deiner Aufmerksamkeit steht.
Sag nein zu Unterbrechungen oder verlockenden Ablenkungen für diesen Zeitraum. Füge dann Emotion hinzu. Denke darüber nach, was du in deinem Leben anziehen willst und lass dich davon begeistern. Erfülle dich mit Freude, Erleichterung, Dankbarkeit und Liebe. Nimm dir mehrere Minuten im Laufe des Tages und stell dir vor, was du willst, indem du die Begeisterung und Freude spürst, die du empfinden würdest, wenn du das hättest,

was du in deinem Leben anziehst.

Füge Beständigkeit und Wiederholung hinzu. Konzentration und Emotion können einen Gedanken befähigen, aber nicht, wenn sie isoliert durchgeführt werden. Du musst es zu einem Teil einer konsequenten Übung machen, die du über einen längeren Zeitraum beibehältst. Vergiss die Liebe nicht! Liebe ist mit hoher Wahrscheinlichkeit die mächtigste Kraft im Universum – bringe sie dementsprechend ein!

Fülle deinen ganzen Körper und dein Wesen mit Liebe, während du darüber nachdenkst, was du in dein Leben ziehen willst. Obwohl das Gesetz der Anziehung viel mehr als diese Prinzipien beinhaltet, können sie ein ungemein mächtiger Ausgangspunkt sein. Mit Engagement, Wiederholung und Zeit wirst du erstaunt sein, was du in dein Leben ziehen kannst.

Beseitigung der Selbstsabotage

Wir haben bereits in gewissem Maße die Rolle diskutiert, die negative und einschränkende Gedanken spielen kann, wenn es darum geht, deine Bemühungen durchzusetzen, um positive Dinge in dein Leben zu ziehen. Auf der einen Ebene kannst du dir der Gedanken bewusst werden, die mehr auf der Oberfläche deines Bewusstseins ruhen und sie von einem negativen zu einem positiven Winkel verschieben.

Aber auf einer tieferen Ebene beherbergst du unzählige Gedanken in deinem Unterbewusstsein, von denen viele Menschen in ihren täglichen Erfahrungen in alten Mustern stecken bleiben. Eingebettet in dein tieferes Bewusstsein haben sie einen enormen Einfluss auf deine Lebenserfahrung, da sie entgegengesetzte und störende Schwingungen erzeugen, die die guten Schwingungen deiner noch jungen positiven Absichten stören.

Aber du kannst den Spieß umdrehen und deine Macht von diesen Störenfrieden zurückergreifen. Anstatt sie in die Unterwelten deines Unterbewusstseins zu verbannen, kannst du Maßnahmen ergreifen, um sie ans Licht zu bringen und einige der schwerfälligsten von ihnen zu heilen und die Luft für die Gedanken zu reinigen, die du befähigen und in deine neue Realität bringen kannst. Es gibt drei Glaubens-/Fühlungszustände, für die wir in der westlichen Welt besonders anfällig sind und die unsere Bemühungen für ein glückliches, kreatives und erfülltes Leben verheerend beeinflussen. Das sind Unwürdigkeit, Scham und Mangel.

Während diese Gefühle und die Überzeugungen, die ihnen zugrunde liegen, in unserer Kultur wuchern, sind sie nicht der gesamten menschlichen Psychologie angeboren. Sie sind nicht natürlich, nicht erforderlich und nicht notwendig. Sie sind einfach eine Reihe von psychologischen

Mustern, die wir aus unserer menschlichen Umgebung aufgenommen haben und die wir in unsere Psyche einbeziehen. Aber sie dienen nicht unserem Glück, unserer Würde oder unserem höchsten Ziel. Und zum Glück können sie geheilt werden.

Der Glaube an die eigene Unwürdigkeit ist in unserer Gesellschaft allgegenwärtig. Sie entsteht meist durch Wut, Schuldgefühle oder nach innen gerichtete Angst. Auf diese Weise greifen wir uns selbst an und bestrafen uns immer wieder mit aller Kraft, die wir einsetzen können. Möglicherweise wurdest du als Kind beschimpft oder vernachlässigt und kamst mit der unbewussten Schlussfolgerung davon, dass du so behandelt wurdest, anstatt geliebt zu werden, weil du es nicht wert warst. Das ist eine der Möglichkeiten, wie die Psyche Traumata übersteht: indem sie Schlussfolgerungen zieht – ob richtig oder falsch – die eine Situation sinnvoll erscheinen lassen.

Oder du hast vielleicht die Botschaft von Familienmitgliedern, Lehrern oder religiösen Verantwortlichen erhalten, dass du der Liebe, Akzeptanz oder Zugehörigkeit nicht würdig warst – entweder direkt und mündlich oder indirekt und nonverbal. Daraufhin hast du diesen Glauben in deinem Geist als Bezugspunkt für das Überleben in der Zukunft vergraben.

Das Wichtigste, woran du dich bei der Unwürdigkeit erinnern solltest, ist, dass es sich nicht um einen Geisteszustand oder einen Wesenszustand handelt. Es ist etwas, das man sich selbst sagt oder das man glaubt. Es ist keine Wahrheit, sondern eine Perspektive. Und wie jede Perspektive kann sie durch eine höhere und wahrhaftere ersetzt werden. Außerdem befindet sich unter deinem Glauben an deine eigene Unwürdigkeit, wenn du sie besitzt (und die meisten von uns tun es), eine große und tiefe Trauer. Wenn du dich an deine eigene Unwürdigkeit glauben lässt, hast du unwissentlich, unschuldig, unfreiwillig die Wahrheit deines Selbst betrogen: dass du unbegrenzt, unendlich, mächtig und glorreich bist.

Und dass du alles bist und hast, was du brauchst. Indem du die Illusion deiner eigenen Unwürdigkeit annimmst, wendest du dich von etwas sehr, sehr Wichtigem ab: von dir selbst. Die Scham dieser existentiellen Wendung durchdringt das Bewusstsein von so vielen von uns. Doch sie kann geheilt werden.

Der Glaube an den Mangel ist eine weitere allgegenwärtige und zerstörerische Perspektive, die dem Bewusstsein der meisten von uns zugrunde liegt. Du kannst es in Aktion sehen, in Gefühlen des Wettbewerbs und der Eifersucht und in

Ängsten bezüglich begrenztem Geld, Fähigkeiten, Zeit oder Potenzial. Aber es gibt nur sehr wenige wirkliche Grenzen im Leben; du hast in jedem Moment eine unbegrenzte Auswahl an Möglichkeiten.

Es wird dir sehr helfen, diese mächtigen unbewussten Gefühle und Überzeugungen – Unwürdigkeit, Scham und Mangel – zu heilen. Denn sie werden deine Versuche untergraben, das anzuziehen, was du im Leben willst und sie werden deine wahre Freude und dein Glück untergraben. Finde Wege, um dir selbst zu vergeben und habe Mitgefühl für dich selbst als Mensch, der in einer Welt, die dir keine Gebrauchsanweisung gibt und dich durch all die Fallen führt, sein Bestes gibt. Vergib dir selbst, dass du ein Mensch bist und schenke dir selbst das Mitgefühl, das du wirklich verdient hast. Benutze Meditations- und Bewusstseinstechniken, um den Einfluss zu untergraben, den der Glaube an

Unwürdigkeit, Scham und Mangel auf dich hat.

Wenn du diese zugrunde liegenden Voraussetzungen in deiner Psyche bereinigst, wird sich deine Welt extrem verändern. Du wirst anfangen, dir selbst weitaus mehr Freiraum und Erlaubnis zu geben, damit du ein Leben voller Erfolg, Freude, Liebe und Erfüllung führen kannst. Du wirst feststellen, dass die Dinge, die du willst, leichter in deine Richtung geraten, da die dämpfenden Vibrationen der Unwürdigkeit nicht mehr ausgestrahlt werden. Du wirst viel mehr Liebe in deiner Welt finden, wenn du mit mehr Selbstliebe vibrierst – befreit vom Einfluss unbewusster negativer Überzeugungen und Perspektiven.

Mal sehen, ob wir hier ein paar Gefühle des Mangels beseitigen können. Stelle dir die folgende Frage:

Wie viel Glück bin ich bereit, vom Universum zu akzeptieren?

Sei ehrlich. Was ist deine Antwort? Und wie frei, unmissverständlich, unmittelbar und vollständig hast du die Frage beantwortet: „So viel, wie es mir gibt!“ Oder hast du die Frage mit Zweifel oder Unsicherheit, Schwäche oder Ungewissheit beantwortet? Wenn du nicht zu 100 % ehrlich bist und dich nicht auf diese Frage einlässt, gibt es Teile von dir, die gegen ein erfüllteres Leben arbeiten. Lass uns einen genaueren Blick darauf werfen.

Lasst uns tiefer graben. Wie würdest du eine dieser Fragen beantworten, die sich auf ein Leben in Überfluss und Wohlstand beziehen?

Bist du würdig dafür?
Verdienst du es?
Bist du bereit dafür?
Bist du in der Lage, damit umzugehen?

Wäre es falsch oder egoistisch, wenn du es großzügig annehmen würdest?
Glaubst du, dass andere weniger haben werden, wenn du mehr hast?
Würdest du dich schuldig fühlen, wenn du reich wärst?

Wenn du eine der ersten vier Fragen mit Nein oder eine der letzten drei Fragen mit Ja beantwortet hast, dann hast du einen falschen und negativen Glauben in deinem Bewusstsein, der deine Fähigkeit, Überfluss und Wohlstand anzuziehen, ziemlich effektiv einschränken wird. Versuche, mit dir selbst von ganzem Herzen zu sprechen und äußere diese Gefühle und Überzeugungen. Lass auch die Teile von dir sprechen, die sich unwürdig und nicht bereit fühlen. (Gehe hier langsam voran, sodass du dich nicht übernimmst).

Komm anschließend als dein eigener fürsorglicher „Elternteil“ zurück und versichere diesem Teil von dir, dass er es verdient oder bereit ist. Versuche herauszufinden, ob du die Intensität und das Gefühl verschwinden lassen kannst, bis sich der falsche Glaube in keiner Weise mehr echt anfühlt.

Um jeder negativen und unproduktiven Tendenz entgegenzuwirken, musst du dich dafür entscheiden, eine Haltung des Überflusses einzunehmen. Sieh den Reichtum des Lebens um dich herum und sei von ganzem Herzen dankbar dafür. Sieh die unendlichen Facetten, in denen du in deinem Leben betreut, verwöhnt, geliebt, gehört, unterstützt und akzeptiert wirst. Und sei dankbar dafür. Bringe dein Herz dazu, mehr zu lächeln. Schätze die Details in allem und jedem, einschließlich dir selbst.

Wenn du viel Eifersucht und Neid auf andere Menschen und ihren Besitz, ihre Erfolge oder ihr Glück projizierst, dann ist hier die Frage, wie du diese auflösen kannst.

Erstelle eine Liste aller Menschen, auf die du irgendeine Art von Eifersucht verspürst. Bereit? Nenne die Liste: „Ich bin dankbar für deinen Erfolg!“ Schaue dir anschließend jeden Namen auf deiner Liste an und entscheide dich dafür, Dankbarkeit für ihren Besitz, ihre Erfolge und ihr Glück zu empfinden. Wenn sie wunderbare Erlebnisse in ihr Leben gebracht haben, bedeutet das, dass du es auch kannst.

Das Gesetz der Anziehung ist ein Prinzip der Chancengleichheit, erinnerst du dich? Also erfülle dich mit Dankbarkeit und sage dem Universum, dass du dankbar für den Erfolg bist, den die Menschen auf deiner Liste sich selbst in ihrem Leben ermöglicht haben – und meine es ernst. Es ist ein Segen, dass es überhaupt möglich ist. Führe diese Übung jeden Tag durch und halte deine Liste mit neuen Namen auf dem Laufenden, wenn du feststellst, dass dein Verstand mit Eifersucht oder Neid auf sie gerichtet ist. Beachte, wie dein Herz erleichtert wird und dein

Glücksvermögen wächst, wenn du das tust.

Der Punkt ist, dass deine glücklichen Gefühle das Maß deiner Fähigkeit sind, zu empfangen, was du willst. Erfülle dich also mit Glück. Finde Gründe, um dankbar, glücklich und wertschätzend zu sein. Das Universum hört zu. Und wie wir wissen, reflektiert das Universum die Gedanken und Gefühle, die du festhältst und ausdrückst.

Die nächste Stufe

Ich habe bereits erwähnt, dass die Energiezufuhr eines Gedankens diesen befähigen kann, sich zu manifestieren. Sobald du dich einigen deiner Ängste gestellt, viele der einschränkenden und sabotierenden Gedanken in deinem Bewusstsein freigegeben und klargestellt hast, was du wirklich willst, ist der Gedanke gestärkt und ist somit besser in der Lage, Wurzeln zu schlagen und sich in deiner

Lebenserfahrung großzügig auszudrücken.

Jetzt bist du bereit, das Ganze auf die nächste Stufe zu bringen. Jetzt macht es wirklich Spaß! Leben ist Energie und du bist ein Energiegenerator. Du bist ein erstaunliches Wesen mit der Fähigkeit, einen Gedanken zu entwickeln, dich auf ihn zu konzentrieren, mit ihm einen Wirbel der Energie zu erzeugen, ihn zu intensivieren und zum Leben zu erwecken.

Die im Folgenden beschriebene Übung bringt dich dorthin. Wenn du die Übung durchführst, wirst du den Gedanken und das Bild dessen visualisieren, was du wirklich willst. Führe die folgenden Schritte aus, bevor du mit der Übung beginnst, damit die Wirkung umso positiver und intensiver wird:

Erschaffe ein Erlebnis

Erweitere die Vorstellung davon, was du in dein Leben ziehen möchtest, zu einer dreidimensionalen virtuellen Realität. Wenn du zum Beispiel ein neues Auto willst, das 25.000,00 € kostet, was möchtest du dann mit diesem Auto erleben? Vielleicht stellst du dir alles glänzend und schön in deiner Garage oder in deiner Einfahrt vor, während du da stehst, es bewunderst und stolz auf deine Leistung bist.

Oder vielleicht reizt dich die Idee, mit deinem Partner oder deiner Partnerin auf dem Beifahrersitz an der Küste entlang zu fahren. Wenn du keinen Partner oder keine Partnerin hast, solltest du den Teil rauslassen, da du somit zwei Realitäten anzuziehen versuchst, was sich hemmend auf deinen Fortschritt auswirken kann.

Animiere es

Gewinne einen Eindruck davon, was du in dem Erlebnis tun könntest, was damit übereinstimmen würde. Wenn du zum Beispiel eine Beziehung anziehen willst und diese manifestieren möchtest, könntest du dir vorstellen, wie ihr zusammensitzt und miteinander redet, auf einer Veranstaltung tanzt oder ein köstliches Abendessen im Restaurant genießt. Du solltest ein paar verschiedene Szenen in den Topf deiner Visualisierung werfen, um sie zu animieren und zu aktivieren.

Schaffe Klarheit in Bezug auf die Gefühle, die mit dem Erlebnis verbunden sind

Was sind die Gefühle, die du wahrscheinlich fühlen wirst, wenn du dich in den frisch duftenden Neuwagen setzt? Überfluss, Aufregung, Vergnügen, Freude, Begeisterung? Genau. Wenn du mehr Geld auf deinem Bankkonto haben willst, dann könnten die damit verbundenen Gefühle finanzielle Stabilität, ein Gefühl der Sicherheit und das Gefühl sein, dass du dich gut aufgehoben fühlst. Wenn du eine bessere körperliche Gesundheit manifestieren willst, dann können die damit verbundenen Gefühle Lebendigkeit, Freude, Entspannung und Selbstversorgung sein. Erinnere dich an diese Gefühle. Du wirst sie in der Übung benutzen.

Verwechsle die Mittel nicht mit den Zielen

Manchmal verwechseln Menschen das Endergebnis des Ganzen mit den Mitteln, Werkzeugen oder Schritten, die sie benötigen, um es zu erreichen. Für die Zwecke der folgenden Visualisierungsübung solltest du dem Universum das Endergebnis dessen, was du willst, in all seiner Herrlichkeit projizieren und es den besten Weg finden lassen, damit es dazu kommt. Wenn du also den frischen Neuwagen begehrst, dann ist es das Auto selbst, das du in deinem Leben erleben willst, nicht die 25.000,00 €, die du dafür bezahlen müsstest.

Konzentriere dich auf das Auto, nicht auf das Geld. Wenn du eine gute Gesundheit und Wohlbefinden in deinem Körper willst, visualisiere genau das und nicht die Medikamente, Übungen oder andere Therapien, die dich dorthin bringen könnten. Du musst das „Was“ des Gewünschten projizieren und dem Universum erlauben, das „Wie“ herauszufinden. Es funktioniert letztendlich auf mysteriöse Weise.

Hab Spaß dabei

Tue andere Dinge, um die Gefühle der Erwartung und Aufregung zu verstärken, wenn es darum geht, die gewünschte Erfahrung in dein Leben zu bringen. Du kannst über all die Dinge schreiben, die du mit deiner neu gefundenen Gesundheit, deinem neuen Lebensraum oder Vermögen machen willst. Du kannst eine Mini-Schatzkarte mit Bildern erstellen, die dich begeistern und sie dann regelmäßig mit Freude überprüfen. Du kannst mit hilfsbereiten Freunden sprechen, deine Visionen und Ideen teilen und sie bitten, sich für dich zu begeistern.

Sei im Voraus dankbar

Öffne dein Herz mit Dankbarkeit für das Erlebnis, das du gleich haben wirst. Lasse die Dankbarkeit in deinem Herzen brodeln und schenk sie anderen um dich herum. Bedanke dich bei allen Menschen und allen Aspekten, die es dir ermöglichen, das zu sein, was du in deinem Leben sein willst. Einschließlich dir selbst. Dankbarkeit ist Liebe und Liebe ist die mächtigste Kraft im Universum!

Übung

Stell dir vor, dass du in das Erlebnis eintauchst, das du erschaffen willst. Lasse dich deine Umgebung sehen, höre die Geräusche der Menschen, Tiere oder anderer Dinge, die dich in der Szene umgeben. Beobachte dich beim Herumlaufen, interagiere mit anderen und tue, was du im Rahmen der Erfahrung tun würdest. Dabei visualisierst du eine ganze

Szene nach deinen Wünschen und kreierst ein virtuelles Realitätserlebnis direkt in deinem eigenen Körper. Lass dich selbst in die Arena dessen treten, was du erschaffst und lass es eine eigene Aura aufbauen.

Durchblättere ein paar Szenen der Erfahrung und stelle dir vor, dass du dich an einigen Aktivitäten beteiligt hast, die die neue Realität beinhalten oder sich um diese drehen. Spüre dabei die Gefühle, die du zuvor identifiziert hast. Fülle deinen Körper und dein Wesen mit Begeisterung, Freude und Dankbarkeit. Besonders mit Dankbarkeit. Lasse die Intensität steigen. Lasse die Gefühle wachsen, wirbeln und aufsteigen. Genieße das Vergnügen der Gefühle für mehrere Minuten. Achte darauf, wie echt es sich anfühlt. Beende das Ganze mit mehr Dankbarkeit.

Wichtig: Wenn du während dieser Übung feststellst, dass Teile von dir protestieren – Verkrampfung in deinem Bauch,

Schweregefühl in deinem Herzen, Kopfschmerzen, Verwirrung oder andere unangenehme Gefühle – solltest du die Übung vorerst abbrechen und dich neu sammeln. Das sind Hinweise aus deinem Unterbewusstsein, welches dir sagt, dass ein oder mehrere Teile von dir nicht in Übereinstimmung mit dem sind, was du zu erschaffen versuchst. Ehre diese Teile von dir und nimm dir die Zeit zum Nachdenken, bevor du die Übung fortsetzt. Versuche nicht, es zu erzwingen. Dein Unterbewusstsein ist ziemlich mächtig und wird sich auf die eine oder andere Weise durchsetzen. Nimm dir also etwas Zeit, um dich zu entspannen und deine einschränkenden Gefühle zu befreien.

Scheint das Leben manchmal ungerecht zu sein?

Du hast dir mehr Erfolg gewünscht und du hast dich bestens eingesetzt und all das getan, was andere dir gesagt haben – doch der Erfolg, den du gesucht hast, kommt nur langsam. Du hast dich vor allem am Anfang sehr bemüht, alle richtigen Dinge zu lernen, an den richtigen Orten zu sein, die richtigen Dinge zu tun und die richtigen Dinge zu sagen... und doch schien sich die Situation oft gar nicht zu verbessern.

Zu einem früheren Zeitpunkt deines Lebens, als du zum ersten Mal in die Vorstellung des Erfolgs eingetaucht bist, hast du Zufriedenheit darin gefunden, die Erwartungen der anderen zu erfüllen, die die Regeln für den Erfolg festgelegt haben. Die Lehrer, Eltern und Mentoren, die dich umgeben haben, schienen selbstbewusst und überzeugend zu sein, als sie ihre Regeln für den Erfolg aufstellten:

„Sei immer pünktlich; tue immer dein Bestes; erinnere dich daran, hart zu arbeiten; sei immer ehrlich; strebe nach

Großartigkeit; gib dir mehr Mühe als alle anderen; ohne Fleiß kein Preis und was am wichtigsten ist: Gib niemals auf..."

Aber im Laufe der Zeit verblasste deine Befriedigung über die Anerkennung derjenigen, die diese Regeln aufgestellt haben, genauso wie ihre Erfolgsprinzipien. Und es war noch entmutigender, wenn du dich zurückgezogen hast, um eine Perspektive auf das Gesamtbild zu bekommen und dann festgestellt hast, dass ihre Prinzipien ihnen zum größten Teil auch keinen wirklichen Erfolg gebracht haben.

Und so hast du dich gefragt: „Was ist hier los? Wie können diejenigen, die so hart arbeiten, so wenig erhalten, während diejenigen, die so wenig zu arbeiten scheinen, so viel erreichen? Mein Studium hat sich überhaupt nicht ausgezahlt und doch gibt es diverse Millionäre, die ihr Studium oder sogar die Schule abgebrochen haben. Mein Vater hat jeden Tag seines

Lebens hart gearbeitet und doch muss sich unsere Familie das Geld leihen, um einige teurere Rechnungen zu bezahlen. Warum zahlt sich die harte Arbeit nicht so aus, wie ich es mir oft vorstelle? Warum werden so wenig Menschen wirklich reich, während ich darum ringe, über die Runden zu kommen? Was übersehe ich? Was wissen diese finanziell erfolgreichen Menschen, was ich nicht weiß?“

Reicht „dein Bestes geben“ immer noch nicht aus?

Wenn du alles tust, woran du denken kannst, wirklich dein Bestes versuchst, um das zu tun, was dir gesagt wurde und der Erfolg daraufhin nicht eintritt, ist es nicht abwegig, dass du defensiv und schließlich sogar wütend auf diejenigen bist, die den Beweis für den Erfolg aufzeigen, den du dir wünschst. Möglicherweise verurteilst du manchmal sogar ihren Erfolg, nur weil es zu schmerzhaft ist, ihnen zuzusehen, wie sie den Erfolg erleben, der dir weiterhin entgeht.

Wenn du an einen Punkt gelangst, an dem du den finanziellen Erfolg zu verurteilen beginnst, nach welchem du dich sehnst, kann nicht nur dieser finanzielle Erfolg nicht auf dich zukommen, sondern du verlierst auch deine Rechte auf deine Gesundheit und dein Glück. Viele kommen tatsächlich zu dem falschen Schluss, dass sich andere in ihrer physischen Umgebung in einer Art Verschwörung zusammengeschlossen haben, um sie vom Erfolg abzuhalten.

Denn sie glauben von ganzem Herzen, dass sie alles getan haben, um Erfolg zu haben – und die Tatsache, dass er eingetreten ist, muss sicherlich bedeuten, dass einige feindliche Kräfte am Werk sind, die ihnen das nehmen, was sie sich wünschen. Aber ich versichere dir, dass nichts dergleichen im Zentrum der Abwesenheit dessen steht, was du dir wünschst, oder der Anwesenheit von Dingen, die du aus deiner Erfahrung entfernen möchtest.

Niemand hat oder hätte jemals deinen Erfolg verhindern oder ihn dir zur Verfügung stellen können. Dein Erfolg hängt ganz von dir ab. Es liegt alles in deiner Hand. Und ich schreibe dieses Buch, damit dein Erfolg jetzt endlich in deiner bewussten Kontrolle liegen kann.

Geld ist nicht die Wurzel des Bösen oder des Glücks

Das Thema Geld und finanzieller Erfolg ist weder die „Wurzel allen Übels“, wie viele behauptet haben, noch ist es der Weg zum Glück. Da das Thema Geld jedoch die meisten Menschen auf die eine oder andere Weise berührt, ist es ein großer Faktor in Bezug auf deine Schwingung und persönliche Anziehungskraft. Wenn du also in der Lage bist, etwas erfolgreich zu kontrollieren, was dich den ganzen Tag über beschäftigt und betrifft, erreichst du etwas ziemlich Wichtiges. Mit anderen Worten: Weil sich ein so hoher Prozentsatz deiner Gedanken an einem bestimmten Tag rund um das Thema Geld oder finanziellen Erfolg dreht, ist es nicht nur sicher, dass sich dein finanzieller Erfolg verbessern wird, sondern auch, dass der Nachweis dieses Erfolgs dich auf eine bewusste Verbesserung in jedem Aspekt deiner Lebenserfahrung vorbereitet.

Wenn du deine eigene Realität bewusst erschaffen willst, wenn du die Kontrolle über deine eigene Lebenserfahrung willst, wenn du deinen Grund für das Dasein erfüllen willst, dann wird dir dein Verständnis für diese vorherrschenden

Themen – Geld und das Gesetz der Anziehung – enorm behilflich sein.

Die Schlafenszeit ist eine Neuausrichtung der Energie

Während du schläfst – oder in der Zeit, in der du nicht bewusst in deinem physischen Körper konzentriert bist, hört die Anziehungskraft auf den physischen Körper auf. Der Schlaf ist eine Zeit, in der dein inneres Wesen deine Energien neu ausrichten kann und es ist eine Zeit der Erfrischung und Regeneration deines physischen Körpers. Wenn du dir heute Abend sagst:

„Ich werde mich gut ausruhen. Ich weiß, dass die Anziehungskraft in diesem Körper nachlassen wird und wenn ich morgens aufwache, werde ich buchstäblich wieder in meinen Körper zurückkehren", dann wirst du den größten Nutzen aus deiner Schlafenszeit ziehen.

Das Erwachen am Morgen unterscheidet sich kaum von der Geburt. Es unterscheidet sich nicht so sehr von dem Tag, an dem du zum ersten Mal in deinen physischen Körper eingetreten bist. Wenn du also aufwachst, öffne die Augen und sage: „Heute werde ich nach Gründen suchen, um mich gut zu fühlen. Nichts ist wichtiger, als dass ich mich gut fühle. Nichts ist wichtiger, als dass ich Gedanken wähle, die andere Gedanken anziehen, die wiederum andere Gedanken anziehen, die meine Schwingungsfrequenz bis zu dem Punkt erhöhen, an dem ich mit den positiven Aspekten des Universums harmonieren kann.

Deine Schwingung ist genau dort, wo du sie zuletzt gelassen hast. Wenn du also in deinem Bett liegst und dich um eine Situation sorgst, bevor du schlafen gehst, wirst du nach dem Aufwachen genau dort weitermachen, wo deine Gedanken oder Schwingungen in der Nacht zuvor aufgehört haben. Und dann starten deine Gedanken an dem Tag auf dieser negativen Basis. Und dann wird das Gesetz der Anziehung weiterhin für andere Gedanken sorgen, die deinen vorherigen ähneln.

Doch wenn du dich beim Einschlafen bemühst, einige der positiven Aspekte deines Lebens zu erkennen und daraufhin deine Gedanken bewusst freigibst und dann aufwachst, deine Augen öffnest und sagst: „Heute werde ich nach Gründen suchen, um mich wohl zu fühlen", wirst du anfangen, die Kontrolle über dein Denken und Leben zu erlangen.

Anstatt dich um die Probleme der Welt zu kümmern oder über die Dinge nachzudenken, die du heute zu tun hast, liegst du einfach in deinem Bett und suchst nach den positiven Aspekten des

Augenblicks: Wie wunderbar sich dein Bett anfühlt. Wie angenehm sich der Stoff anfühlt. Wie gut sich dein Körper anfühlt. Wie bequem das Kissen ist. Wie erfrischend die Luft ist, die du einatmest. Wie gut es ist, am Leben zu sein!

Das Gesetz der Anziehung ist wie eine riesige Lupe, die alles verstärkt. Wenn du also aufwachst und nach einem Grund suchst (etwas sehr Unmittelbares für dich), um dich gut zu fühlen, wird dir das Gesetz der Anziehung daraufhin einen anderen Gedanken anbieten, der sich so anfühlt und dann erneut einen anderen – und das ist genau das, was man das Aufstehen mit dem richtigen Fuß nennt. Mit ein wenig Anstrengung und dem Wunsch, sich wohl zu fühlen, kannst du deine Gedanken in immer angenehmere Szenarien lenken, bis du sowohl die Gewohnheiten der Gedanken als auch deinen Anziehungspunkt änderst –

der Beweis für die Verbesserung deiner Gedanken zeigt sich unmittelbar.

Ein Beispiel für einen positiven Morgen

Wenn du am nächsten Morgen aufwachst, wirst du an einem positiven und wohltuenden Ort sein. Deine ersten Gedanken werden ungefähr so aussehen: „Ich bin aufgewacht. Ich bin wieder in die physische Welt zurückgekehrt". Leg dich für eine Weile hin und sonne dich im Komfort deines Bettes und denke dir dann Folgendes: „Es ist heute egal, wohin ich gehe, egal, was ich tue, egal, mit wem ich es tue. Es ist meine Absicht nach Dingen zu suchen, die sich gut anfühlen. Wenn ich mich gut fühle, vibriere ich mit meiner höchsten Kraft. Wenn ich mich gut fühle, bin ich in Harmonie mit dem, was ich für gut halte. Wenn ich mich gut fühle, bin ich imstande, das anzuziehen, was mir gefallen

wird, sobald es hier eintrifft.
Und wenn ich mich gut fühle, fühle ich mich gut!“ Liege zwei oder drei Minuten im Bett (das reicht) und suche nach den positiven Aspekten deiner Umgebung. Wenn du dann in den Tag ziehst, beginnst du, positivere Aspekte anzuerkennen und nach Gründen zu suchen, dich wohl zu fühlen, egal, was das Ziel deiner Aufmerksamkeit ist.

Im ersten Moment jeder negativen Emotion – die sehr wahrscheinlich auftreten wird, obwohl du deinen Tag damit begonnen hast, nach Gründen zu suchen, um dich gut zu fühlen, überspringst du die Tendenz jeder negativen Emotion und sagst dir selbst: Ich möchte mich gut fühlen. Ich fühle einige negative Emotionen, was bedeutet, dass ich mich auf etwas konzentriere, was ich nicht will. Was ist es, das ich will? Wende deine Aufmerksamkeit sofort auf das, was du willst und konzentriere dich auf den neuen oder positiven Gedanken lange genug, damit du fühlen kannst, wie die positive

Energie wieder beginnt durch deinen Körper zu fließen.

Suche nach mehr Gründen zum Lachen und mehr Gründen, um Spaß zu haben, während du dich durch deinen Tag bewegst. Wenn du dich gut fühlen willst, solltest du die Dinge nicht so ernst nehmen; und wenn du die Dinge nicht so ernst nimmst, wirst du wahrscheinlich nicht so schnell den Mangel an den gewünschten Dingen bemerken; und wenn du dich nicht auf den Mangel eines Wunsches konzentrierst, fühlst du dich besser – und wenn du dich besser fühlst, ziehst du mehr von dem an, was du willst... und dein Leben wird einfach immer besser und besser. An diesem Abend, wenn du in deinem Bett liegst, wirst du viele wunderbare Dinge zum Nachdenken haben, während du in deinen erholsamen erfrischenden Schlaf abtauchst; und am morgigen Tag wird dein Tag umso besser anfangen.

Du bist nicht verantwortlich für die Handlungen anderer

Du darfst die Verantwortung für die Handlungen anderer in ihrer eigenen Lebenserfahrung nicht übernehmen. Gehe davon aus, dass sie aus dem Mangel oder der schweren Situation stärker hervorgehen und erkenne, dass es später besser für sie sein wird – und so wirst du anfangen, dich besser zu fühlen. Du kannst sie sogar im Schlafzustand zu einer verbesserten Richtung inspirieren. Wenn du an sie denkst, dann betrachte sie als glücklich. Wiederhole in deinem Kopf nicht den Abschied oder die traurigen Gespräche, die du geführt hast. Stelle dir vor, wie sie mit ihrem Leben weitermachen, genau wie du mit deinem.

Vertraue darauf, dass sie die Orientierung in sich tragen, um ihren eigenen Weg zu finden. Was die meisten Menschen oft stört, wenn sie anderen helfen wollen, ist der Glaube daran, dass sie die Hilfe brauchen, weil sie sich selbst nicht helfen können. Doch dieser Glaube ist nachteilig für sie, denn tief im Inneren wissen sie, dass sie es tun können und dass sie es tun wollen.

Die 6 effektivsten praktischen Methoden

Wenn du an der Macht des Gesetzes der Anziehung interessiert bist, wirst du wahrscheinlich die besten Techniken der Manifestation des Gesetzes der Anziehung kennenlernen wollen. Visualisierungen und Affirmationen sind die beliebtesten Techniken – und das aus gutem Grund! Sie sind unkompliziert für Anfänger und leistungsstark für Fortgeschrittene. Es gibt jedoch auch andere Manifestationstechniken, die du verwenden solltest, wenn du lernen willst, wie du das Gesetz der Anziehung wirklich effektiv anwenden kannst.

1. Multiperspektiven-Visualisierung
Wenn du eine kreative Visualisierungsübung durchführst, stellst du dir vor, dass du das tust, was du manifestieren willst, richtig? Nun, du kannst Visualisierungen auch aus der Perspektive einer dritten Person durchführen, die sich selbst von außen betrachtet.

Tatsächlich zeigen Studien, dass Sportler ihre Fähigkeiten oft am effektivsten verbessern, indem sie sich selbst in ihren Visualisierungen sehen.

Versuche, die von dir verwendete Perspektive zu wechseln und finde heraus, welche die besten Ergebnisse liefert. Viele Menschen finden die Perspektive der dritten Person am besten, obwohl es einige Zeit dauern kann, sich daran zu gewöhnen, wenn du zuvor schon immer Visualisierungen aus der Perspektive der ersten Person durchgeführt hast.

2. Verschiebung des Intentionspunktes

Der Intentionspunkt ist möglicherweise das bestgehütete Geheimnis des Gesetzes der Anziehung. Der größte Teil des Erfolgs vieler Menschen ist direkt darauf zurückzuführen, dass sie ein besseres Verständnis davon erlangt haben, was der Intentionspunkt ist und dass sie gelernt haben, wie man ihn anpasst, um dem Universum eine einheitlichere und stärkere Botschaft zu vermitteln. In gewisser Weise sind die Intentionspunkt-Techniken die einzigen, die du jemals wirklich brauchen wirst, um das Gesetz der Anziehung richtig anzuwenden.

Für mich funktionierte das Gesetz der Anziehung überhaupt nicht, bis ich das Konzept des Intentionspunktes entdeckte. Dein Intentionspunkt ist im Grunde genommen der „Treffpunkt“ zwischen deinem Herzen und deinem Geist. Wenn du deinen Intentionspunkt aktivierst, manifestierst du dich durch eine energetisch höhere Schwingung, sodass die Dinge schneller und einfacher vonstatten gehen.

Es ist das Gleiche wie bei der Manifestation. Wenn du Geld verlangst, aber keine gesunde Beziehung zum Geld hast, wird sich das Geld von dir getrennt fühlen und weniger wahrscheinlich zu dir fließen.

Wenn du Intentionen festlegst und merkst, dass die Dinge, die du willst, nicht auftauchen, solltest du deiner Intention die folgenden Fragen stellen:

Warum tauchst du nicht auf, wenn ich nach dir frage?
Was soll ich deiner Meinung nach wissen?
Was brauchst du, um dich sicher zu fühlen, wenn du etwas erreichen willst?

Diese drei Schritte werden dir helfen, eine bewusste Manifestation aufzubauen. Wenn du Hindernisse beseitigst, die Schwingung deiner Intentionen zurücksetzt und in eine gesunde Beziehung mit dem eintrittst, was du willst, greifst du auf deine volle Fähigkeit zu, deine Umstände zu ändern und ein Leben in Fülle, Liebe und Erfolg zu schaffen.

3. Multisensorische Visualisierung

Neben der Änderung der Perspektive beim Visualisieren ist es besonders wichtig, dass du lernst, wie man multisensorische Visualisierungen durchführt. Was ich damit meine, ist, dass du mehr als nur deinen Sehsinn einbeziehen musst, wenn du dir dein Traumleben vorstellst!

Verwende all deine Sinne, um ein maximal lebendiges Bild zu schaffen. Welche Geräusche kannst du hören? Wie riecht die Umgebung? Wenn du Objekte oder eine Person berührst, wie fühlen sie sich dann an deinen Händen an?
Je mehr Sinneserfahrungen du hervorrufst,

desto wirkungsvoller wird dein Manifestationsversuch sein. Es ist besser, eine knappe reichhaltige Visualisierung zu haben, die voller sensorischer Daten ist, als eine langwierige Visualisierung, die, sagen wir, Tage und nicht nur einen erstaunlichen Moment festhält.

4. Stelle deine Überzeugungen in Frage

Wann immer du dich in einem negativen Selbstgespräch befindest oder glaubst, dass du einfach nichts tun kannst, solltest du dich fragen, woher diese Botschaft kommt. Du wirst es letztendlich auf ein Ereignis aus deiner Vergangenheit zurückführen können. Dies ist oft eine Erfahrung, die man als Kind gemacht hat. Das Hervorheben des Geburtsortes hilft dir dabei, deine Überzeugung aus einer objektiveren Perspektive zu beurteilen.

Eine Botschaft, die dir sagt, dass du „nichts Kreatives kannst", wird ihrer Kraft beraubt,

wenn du merkst, dass es einfach die Stimme eines ignoranten eifersüchtigen Lehrers ist, den du als Jugendlicher hattest.
In der Zwischenzeit kann die Botschaft, die besagt, dass du nicht liebenswert bist, von einem Partner kommen, dessen grausame Stimme du ablehnen möchtest. Jetzt, da du es weißt, kannst du Wege finden, um sie für immer loszuwerden.

5. Stelle eine Verbindung mit einem Objekt her

Wenn du ein Objekt findest, das die Realität repräsentiert, die du manifestieren willst, kannst du es auf so viele Arten nutzen. Wenn du zum Beispiel nach einer Verbesserung deiner Karriere strebst, kannst du dieses Objekt in deiner Tasche zu einem Vorstellungsgespräch mitnehmen und es berühren, bevor du hineingehst, sodass du dich mit deinem Selbstvertrauen und deiner Entschlossenheit wiederverbindest.

Du kannst das repräsentative Objekt auch während der Visualisierung festhalten. Einige Menschen suchen nach Kristallen, die mit ihrer Manifestation verbunden sind (Zum Beispiel Rosenquarz für die Liebe), während andere wiederum Steine, Muscheln, Münzen oder Schmuckstücke mögen. Dein Herz wird dich jedoch zum richtigen Objekt führen – vertraue der Anziehungskraft, wenn du sie spürst.

6. Negatives in Positives verwandeln

Wie du weißt, ist die Fähigkeit, positiv zu sein (bis ins Mark), ein Eckpfeiler, um das Gesetz der Anziehung voll auszuschöpfen. Es gibt viele Dinge, die du tun kannst, um dies zu erleichtern.

Am einfachsten ist es wahrscheinlich, ein Dankbarkeitstagebuch zu führen. Darin

schreibst du drei Dinge auf, die dich jeden Tag dankbar fühlen lassen und zwei gute Dinge, die du aus schwierigen oder herausfordernden Erfahrungen gewinnen kannst, die du gemacht hast.
Dieser Prozess verbindet dich sowohl mit deinem Glück als auch mit der Erkenntnis, dass alles uns etwas lehren kann, auch wenn die erste Erfahrung schmerzhaft ist.

Schlusswort

Als ein Weg des Bewusstseins erinnert dich das Gesetz der Anziehung daran, den Glauben angesichts der Schwierigkeiten zu bewahren. Es erinnert dich daran, positiv zu bleiben. Denn was du jetzt manifestierst, hat auch seine Zeit. Es erinnert dich daran, dass du kein Opfer deiner Umstände bist (auch wenn es sich manchmal so anfühlt). Wenn du ein Opfer wärst, hättest du keine Wahl. Aber in diesem Moment hast du die

Wahl, jede Einstellung hervorzubringen, die du erreichen willst.

Um die Kraft des Gesetzes der Anziehung zu nutzen, machst du es zu einer alltäglichen Routine und lässt es deine Realität transformieren. Du musst nicht viel mehr tun, sondern einfach besser träumen. Du musst nicht härter arbeiten, sondern einfach mehr lieben. Bringe Spannung, Begeisterung, Wertschätzung und Freude in deine Aktivitäten. Erhebe deinen Geist, erhebe deine Gedanken und dein Bewusstsein für die unendliche Schöpfung um dich herum.

Strahle Liebe und Dankbarkeit für alles aus, mit dem du interagierst und es wird in großem Stil auf dich zurückkommen. Um das Gesetz der Anziehung zu meistern, übergebe die Zügel an das Universum und erschaffe die bestmögliche Gegenwart und Zukunft für dich und deine geliebten Menschen. Du wirst ab heute ein weitaus reicheres Leben führen und jeden Tag genießen, als wäre er dein letzter.

Ich wünsche dir auf deiner Reise viel Erfolg!

Impressum

Kontakt: Martin Tang, Gabesstraße 57,
4030 Linz Covergestaltung: germancreative(fiverr)
Coverfoto: Depositphoto.com

Haftungsausschluss

„Die Verwendung der Informationen in diesem Buch und die Umsetzung derselben erfolgt ausdrücklich auf eigenes Risiko. Der Autor kann für etwaige Unfälle und Schäden jeder Art, aus keinerlei Rechtsgrund die Haftung übernehmen. Haftungsansprüche gegen den Autor für Schäden jeglicher Art, die durch die Nutzung der Informationen in diesem Buch bzw. durch die Nutzung fehlerhafter und/oder unvollständiger Informationen verursacht wurden, sind ausgeschlossen. Folglich sind auch Rechts-und Schadenersatzansprüche ausgeschlossen. Der Inhalt dieses Werkes wurde mit größter Sorgfalt erstellt und überprüft. Der Autor übernimmt keine Gewähr und Haftung für die Aktualität, Korrektheit, Vollständigkeit und Qualität der bereitgestellten Informationen. Druckfehler können nicht vollständig ausgeschlossen werden. Weiterhin beruht der Inhalt dieses Werkes auf persönlichen Erfahrungen und Meinungen des Autors. Der Inhalt darf nicht mit medizinischer Hilfe verwechselt werden.

37153440R00042

Printed in Poland
by Amazon Fulfillment
Poland Sp. z o.o., Wrocław